AF356026

RÉVOLUTION.

DU

DIX-HUIT FRUCTIDOR

(QUATRE SEPTEMBRE), 1797;

AVEC

LE DÉTAIL

DES

ÉVÉNEMENS

QUI L'ONT PRÉCÉDÉE

ET SUIVIE.

PAR UN TÉMOIN OCULAIRE.

DE L'IMPRIMERIE DE T. BAYLIS, GREVILLE-STREET,
HOLBORN:
Chez A. DULAU ET CO., No. 107, Wardour-Street; J.
DEBOFFE, Gerrard-Street; & T. BOOSEY, Broad-Street,
près de la Bourse-Royale.

M,DCC,XCVII.

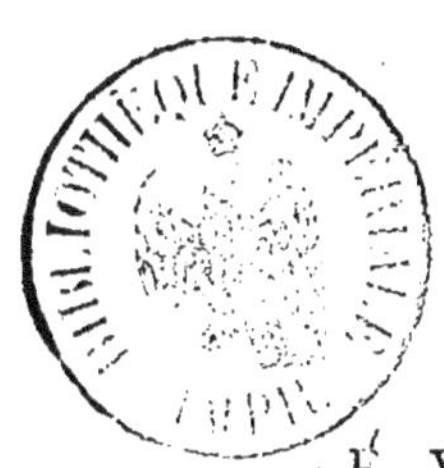

RÉVOLUTION

DU

Dix - Huit Fructidor (Quatre Septembre),

1797;

ETC., ETC., ETC.,

POUR se faire une idée réelle de l'état de la France à l'époque où nous sommes, il faut nécessairement l'avoir parcourue ; car l'individu, qui voudroit la juger d'après ses anciennes opinions, se tromperoit infailliblement sur ses résultats actuels.

Premièrement ; quant à son physique, il est difficile de n'être pas étonné de la richesse que présentoit l'aspect de la culture au moment où je suis arrivé en France ; c'étoit l'époque de la récolte ; & l'on ne pouvoit voir une plus grande abondance, que celle que présentoit à l'œil la multitude de grains qui se ramassoient alors. Cette richesse paroît d'autant plus étonnante que réellement la population est diminuée, surtout dans les provinces qui avoisinoient le théâtre de la guerre.

B 2

Mais

Mais les femmes, aujourd'hui, suppléent, par leur activité, les hommes que les réquisitions ont enlevés aux campagnes ; & même, j'ose assurer que la culture est maintenant plus belle qu'elle ne l'étoit avant la Révolution. La raison en est simple : aujourd'hui la seule richesse de la France consiste dans son sol : les terres des grands propriétaires, tant du clergé que de la noblesse, sont partagées & divisées entre plusieurs individus : il résulte de là, que celui, qui jouit d'une portion de bien circonscrite, la cultive très-soigneusement, pour avoir de quoi subsister. En second lieu, toutes les richesses de la France étant passées dans les campagnes par le systême du papier, on fait monter la valeur des denrées à un prix excessif ; aussi presque tout l'or de la France se trouve aujourd'hui, pour ainsi dire, concentré chez le paysan propriétaire, qui, nageant dans l'opulence, en comparaison de son ancien état, cultive mieux ses terres, par l'appas d'augmenter encore ses capitaux. La détresse, qui a régné généralement sur la France, est encore une des causes qui a augmenté l'activité agricole par la quantité de bestiaux, qui, n'étant point consommés par le riche habitant des villes, sont restés en bénéfice réel pour les campagnes, & fournissent aujourd'hui aux paysans ces moyens d'opulence. Cette classe néanmoins, malgré cette aisance, fruit de la Révolution, & particulièrement du systême du papier, n'en pense pas moins généralement bien : j'ai la certitude que plusieurs fermiers, entre autres ceux de Flandre, en achetant ou soumissionnant les biens qu'ils ne tenoient autrefois qu'en ferme, avoient & ont encore aujourd'hui l'intention de remettre aux anciens propriétaires, les

fonds

fonds qu'ils ont actuellement en leurs mains ; la jouissance, disent-ils, qu'ils ont eue, les dédommage amplement des frais & dépenses qu'ils ont faits, & moyennant la valeur des assignats qu'ils ont donné pour les acquérir, réduits à l'échelle numérique de leur valeur, ils sont disposés à les rendre.

Il n'en est pas de même des habitans des villes qui ont acquis des propriétés dites nationales ; en achetant les dits biens, ils ont compté les acquérir en toute propriété ; & ce qui en est la preuve constante, c'est qu'on ne peut se former une idée de la prodigieuse quantité de superbes bâtimens, tant fermes que maisons de plaisance, qui ont été élevées sur le sol de ces propriétés nouvelles ; toutes les grandes routes, par lesquelles je suis passé, en sont couvertes ; sur celle d'Orléans, il y a même deux villages absolument nouveaux, qui présentent l'aspect de la richesse par l'élégance de la construction des bâtimens, & surtout par leur solidité. La Picardie, qui, quoique riche, n'avoit autrefois que des habitations bâties en terre & couvertes de chaume, commence déjà sur les grandes routes à avoir des maisons bâties en pierres & couvertes en tuiles, quoiqu'il soit très difficile de se procurer dans ce pays, ces objets de construction.

Quant au commerce, on ne peut se dissimuler qu'il ne soit infiniment tombé, pour deux raisons principales. La première provient de la guerre, qui, dans tout état même étranger à l'ordre de choses qui existe aujourd'hui, le paralise ; mais ce qui fait que le commerce souffre plus que dans un état ordinaire de guerre, c'est qu'il y a beaucoup d'objets

de

de matière première qui manquent ; par exemple, pour les provinces du Midi, la plus grande partie des mûriers ayant été coupée à la suite du grand hyver de 1795, l'on ne peut plus élever de vers-à-soie, ce qui fait que les manufactures ne peuvent travailler dans ce genre. La décadence du luxe des étoffes de soie, dont presque personne ne se sert aujourd'hui, a également diminué ce genre de commerce ; & les femmes en général ne portant plus que du blanc, contribueront à le détruire entièrement.

La grande consommation, que l'on a fait des draps pour les armées, a également diminué la matière première de ce genre de manufacture, parce que la classe, qui consomme aujourd'hui, qui sont les troupes, au lieu de travailler aux manufactures, use en proportion de quatre à un, ce qu'elle consommoit avant la Révolution, comme artisans ou cultivateurs. Cependant, ces manufactures se soutiennent mieux qu'aucune autre ; & la paix ramenant la tranquillité, & surtout les bras, il seroit très-facile de leur faire reprendre leur éclat.

Une autre cause de la décadence du commerce est la trop grande quantité d'individus qui ont pris ce genre d'occupation pour subsister. Dans un tems ordinaire, il est dangereux qu'il y ait une trop grande concurrence dans le commerce intérieur ; à plus forte raison, dans un tems où tout est hors de sa place ; parce que n'y ayant plus d'intérêts sociaux, chacun, pour vivre, va sur les intérêts de son voisin, & cherche à lui nuire. Les villes en général, & particulièrement Paris, présentent

sentent l'image d'un foire perpétuelle ; toutes les maisons sont des magazins remplis de la dépouille de la noblesse & du clergé ; les plus beaux hôtels sont aujourd'hui métamorphosés en comptoirs depuis le haut jusqu'en bas ; les rès-de-chaussée servent à des encans publics, où l'on vend depuis le matin jusqu'à onze heures du soir ; chacun y va pour acheter & revendre le lendemain ; les malheureux rentiers, qni font une grande masse dans la population de Paris, font, presque tous, pour subsister, un petit commerce de transport ; l'on voit particulièrement les Boulevards couverts de boutiques portatives, auprès desquelles sont établies, souvent, même des personnes de qualité, réduites à cette infortune par les malheurs de la Révolution.

Le sentiment du besoin pur & simple de vivre est aujourd'hui ce qui occupe particulièrement le François ; l'état de la terreur, dans lequel il a vécu pendant le règne de Robespierre, lui a ôté toute espèce de sensibilité ; son intérêt personnel seul le dirige ; il lui est en général égal qui le gouverne, pourvu qu'il ait sa tranquillité. Il est cependant hors de doute, que s'il pouvoit s'opérer, sans une grande subversion, une révolution qui replaçât le Roi sur le Trône, ce seroit avec le plus grand enthousiasme qu'il le proclameroit. Mais il est certain aussi que la grande majorité n'ira pas au devant des événemens pour les provoquer ; elle s'unira seulement à une force quelconque, si elle apperçoit qu'elle puisse réussir ; mais tant qu'elle n'en imposera pas par des moyens, surtout d'argent, on ne peut rien espérer.

Puisque

[8]

Puisque j'ai prononcé le mot, argent, je dirai & je soutiendrai que c'est aujourd'hui le seul & unique moyen qui puisse opérer un changement en France. Il faut acheter le rétablissement de la Monarchie, comme on pourroit acheter les matières de première nécessité à la vie. Tous les esprits sont portés vers l'intérêt ; il faut donc les satisfaire. Les moyens révolutionnaires, pour remuer le peuple, sont entièrement épuisés. Le gouvernement seul est aujourd'hui révolutionnaire ; ses suppôts, ses agens ne le sont même plus. La généralité des corps administratifs sont bons, & très-bons ; la plûpart des individus, pour moyen de subsistance, ont pris les places qu'ils occupent, un grand nombre pour être utiles à leurs compatriotes. La classe seule des commissaires du pouvoir exécutif est mauvaise, encore la plûpart d'entr'eux ne font pas le mal qu'ils pourroient faire. Fermant souvent les yeux sur les choses les plus contraires aux loix qu'ils sont chargés de faire observer ; n'étant pas mieux payés que les autres agens de la République, il seroit facile de les corrompre, mais pour cet effet, il ne faut pas manquer d'argent : surtout, ne pas temporiser dans l'exécution des projets qui leur seroient confiés. La lenteur, jusqu'à présent, a tout perdu du côté des gens pensant bien, l'activité du Directoire a seule fait sa puissance.

Cette puissance cependant, si l'on vouloit s'accorder sur les moyens de la renverser, ne seroit pas aussi difficile à détruire qu'on pourroit l'imaginer, elle est en horreur à toute la nation ; il n'y a, pour ainsi dire, aucun individu qui ne la regarde

comme

comme monstrueuse & tyrannique. La liberté avec laquelle on en parle, annonce suffisamment la haîne qu'elle inspire ; mais, comme je l'ai déjà dit, pour l'attaquer, il faudroit se réunir d'action & de pensée ; &, au contraire, chacun s'isole de l'intérêt général pour ne penser qu'à son intérêt du moment. Oui, cet intérêt du moment, ou pour parler plus franchement, cet égoïsme qui a provoqué la Révolution en 1789, est non seulement le même, mais il a encore acquis un degré de force qui ne peut plus se calculer. Les sentimens, qui étoient autrefois les plus sacrés, n'existent, pour ainsi dire, plus ; l'on voit aujourd'hui un père & une mère abandonner leur fils dans la plus tendre adolescence ; leur fille, à peine âgée de quinze ans, livrée à elle-même, & à toutes les attaques que peut lui présenter la corruption du siècle : sans conseil, sans argent, travaillant de ses mains pour pourvoir à sa subsistance, elle succombe, par la foiblesse de ses moyens de résistance, à l'attrait du plaisir que lui présente la liberté indéfinie qui lui a été accordée par les auteurs de ses jours ; & que l'on ne croie pas que j'exagère en avançant ce fait ; je pourrois le prouver par cent citations que le respect pour le malheur de ces infortunées victimes me fait taire ; mais je ne me tairai pas également sur le scandale public de ces femmes déhontées qui, bravant l'opinion, insultent à la décence, en provoquant par la licence de leurs vêtemens, la corruption la plus dissolue. Le nom de ces femmes, malheureusement trop célèbres, est dans la bouche de tout le monde ; le sceau du libertinage, imprimé sur leur front, ne portera que trop leur nom à la postérité.

Il en est de même de ces vils suppôts de la Révolution, de ces agioteurs qui, par leurs opérations
désastreuses, ont soutenu le gouvernement, l'ont
aidé, alimenté, & lui fournissent journellement
encore les moyens de prolonger sa puissance ;
cette classe d'individus, la plus fatale au gouvernement, a aujourd'hui envahi toutes les richesses ;
elle s'en sert pour dépouiller les grands propriétaires, qui, n'ayant plus les moyens de vivre, sont
obligés de vendre pour liquider les dettes qu'ils
ont contractées, & que leurs créanciers les forcent
de payer. Ce sont particulièrement aujourd'hui
les jeunes gens de vingt à vingt-cinq ans qui ont
la prééminence à la bourse ; tout est dans leurs
mains, ils influent sur tout ; à la hauteur des principes révolutionnaires, ils savent les diriger pour
leurs intérêts. S'ils pouvoient parvenir à se con-
vaincre qu'il est de leur propre sûreté de rétablir
la Monarchie, ils le pourroient, ils en ont les
moyens, mais non la volonté. Nés, pour ainsi
dire, au milieu de l'orage, ils sont habitués (parce
qu'on s'habitue à tout) à en voir les affreux résultats ; ils cherchent à s'en préserver personnelle-
ment, mais non leur infortunée patrie ; n'ayant
jamais vu un autre ordre de choses, ils ne cherchent pas à le provoquer. L'or est leur unique di-
vinité, & la liberté qu'ils ont acquise dans un âge où
il est si dangereux d'en jouir, leur fait encenser
la licence sous le nom de cette liberté. . . S'il en
est ainsi des jeunes gens de 20 à 25 ans, que l'on
juge de la postérité qui les suit ; depuis cinq ans
que toutes les écoles publiques sont changées en
gymnases, en instituts, en écoles centrales ;
quelle éducation l'enfance peut-elle avoir reçu !
aucune.

aucune. Ces gymnases, ces instituts, ces écoles centrales, ne sont que des mots, les maîtres ne sont pas payés ; par conséquent ils n'enseignent pas ; & les parens n'y envoyent point leurs enfans, parce qu'ils en redoutent les principes. Ainsi réduits à l'éducation domestique ; que l'on juge du résultat de ces éducations. D'un côté la foiblesse paternelle & maternelle, de l'autre les inquiétudes, les agitations provenant des événemens qui se succèdent avec la rapidité de l'éclair, en un mot le besoin personnel, le manque de moyens pour payer des maîtres, plus souvent encore le mauvais exemple des parens eux-mêmes, voilà l'éducation du jour. . . . L'abîme qui se présente devant mes yeux me paroît si profond, qu'à peine j'ôse poursuivre. Cependant comme tout ce que j'ai dit jusqu'ici n'a été que pour faire connoître la France, & amener à l'événement du dix-huit Fructidor, dont j'ai été témoin, n'étant parti de Paris que dix-huit jours après cet évènement, je poursuivrai ; mais avant de parler de ce jour qui doit influencer d'une manière prononcée sur le reste de la Révolution, je dois esquisser l'état de Paris quinze jours avant cette époque.

Depuis l'entrée du second tiers aux Conseils, c'est-à-dire à l'époque du premier Prairial (21 Mai), toutes les opinions avoient changé en France ; la certitude que la grande majorité des élections étoit bonne, avoit donné *une telle énergie de paroles* à tout le monde, que chacun, dans la conviction intime de son âme, se croyoit un héros & prêt à renverser l'autorité tyrannique qui cherchoit à se conserver dans son poste malgré la vindicte publique. Imbus de ce sentiment,

timent, la licence des conversations sur le gou-vernement des triumvirs étoit à son comble. Les journalistes, échos de l'opinion, pour vendre & débiter leurs pamphlets hebdomadaires ou journaliers, trempoient leurs plumes du fiel le plus acerbe. Les jacobins détrônés baissoient humblement la tête. Tout annonçoit un des plus grands évènemens de la Révolution. Les Conseils se sentant seulement forts de leurs bonnes intentions, marchoient également à grands pas vers le résultat désiré. La minorité étoit pour le Directoire. Les décrets se rendoient en foule pour réparer les injustices révolutionnaires ; mais trop confians sur leurs intentions, ils ne pensoient point au point capital, celui de mettre la force publique entre leurs mains. La trop grande puissance que la Convention avoit remise entre celles de la municipalité de Paris, & dont elle avoit si souvent abusé à son préjudice, n'avoit point éclairé les Conseils sur celle déposée entre les mains du Directoire ; avant que de penser à faire le bien, il falloit s'entourer de la puissance pour l'opérer ensuite sans obstacle. Au lieu de cette mesure essentielle de sûreté, ils n'avoient que la confiance en leur probité ; or en fait de gouvernement, surtout en tems de Révolution, cela seul ne suffit pas. Quelques membres, plus éclairés que les autres, sentant la faute majeure qu'ils avoient faite, pensèrent alors à reconquérir la puissance : pour cet effet on décréta l'organisation de la garde nationale. Le Conseil des Anciens, généralement moins bon que celui des Cinq-Cents, croyant que son rôle étoit d'être le point mixte entre les Cinq-Cents & le Directoire, temporisa pour sanctionner ce décret, & par là

fournit

fournit au dernier le tems & les moyens d'orga-
niser une Révolution en sens contraire de celle
que vouloient opérer les Conseils. Sans perdre un
instant, il fit partir pour les armées des agens
secrets, chargés de présenter, sous un aspect hu-
miliant pour elles, la démarche des Conseils qui
recréoient la garde nationale à l'époque où, la
paix paroissant probable, les armées alloient ren-
trer sur le territoire de la République, ce qui
rendoit cette réorganisation injurieuse aux braves
défenseurs de la patrie qui lui avoient procuré
l'honneur de la victoire, en les faisant soupçonner
d'avoir l'intention ultérieure de l'asservir. Le
soldat François est généralement brave, tenant
toujours au point d'honneur, malgré les malheurs
de la Révolution. Cette imputation, habilement
revêtue de toutes les couleurs qui pouvoient la
rendre probable, les enflamma de rage, & telle
est l'origine de ces adresses fortement prononcées,
des armées au Directoire, pour l'assurer qu'elles
se rallieront à lui pour soutenir la Constitution
prétendue violée par les Conseils. Le triumvirat,
ayant ainsi réussi dans son plan, ne travailla plus
qu'à en faire éclater le résultat. Pour y parvenir
sûrement & sans opposition, il ôta le com-
mandement de la dix-septième division (celle de
Paris) au général Atri, pour en revêtir le général
Angereau, l'homme le plus violemment contraire
aux principes suivis par les Conseils. Tout
l'état - major de cette division fut également
changé, & remplacé par des individus entièrement dévoués aux triumvirs.

Ces destitutions & remplacements qui annon-
çoient une catastrophe future & prochaine, sau-
toient

toient aux yeux de tout le monde ; mais telle
étoit l'aveugle confiance, qu'on ne disposoit rien
pour s'y opposer. Chacun se disoit ; sous peu, il
y aura une Révolution, elle est immanquable,
elle est certaine, & néanmoins chacun se rendoit chez Juliet, Garchi, Velloni, l'Élisée Bour-
bon, Tivoli, &c. Les troupes, pendant ce tems
là, marchoient à grands pas vers Paris. Les avis
répétés qui en venoient journellement aux Conseils, furent le sujet de différents messages au
Directoire, qui, fier de la puissance qu'il tenoit
& qu'il alloit dans peu développer, ne répon-
doit pas même à ces messages. Cependant
l'évènement n'étant pas encore arrivé, il falloit
dissimuler afin de l'assurer. Pour l'opérer, les
triumvirs imaginèrent d'introduire une espèce de
guerre sourde, entre les troupes & les bourgeois
de Paris, pour aigrir de part & d'autre les esprits,
& dans le cas de résistance à l'exécution de leurs
projets, de porter le soldat à ne rien ménager.
Les collets noirs, mode adoptée depuis quelque
tems, à l'imitation des Chouans, qui en faisoient
la marque distinctive de leur uniforme, fut le
point de mire indiqué au soldat pour commencer
l'attaque. La première rixe qu'il y eut à ce sujet
se passa sur le Boulevard dans une allée qui est
en face de la Comédie Italienne, allée désignée
sous le nom de Coblentz, comme le rendez-vous
de toutes les personnes pensant bien, mais qui
n'en est pas moins, comme tous les autres lieux
publics, l'enseigne de la licence & de la corruption des mœurs. Dans cette attaque subite des
collets noirs, les soldats n'eurent pas l'avantage ;
comme tous les cafés environnans étoient remplis
d'individus ainsi décorés, ils furent promptement
désar-

désarmés, & la garde étant survenue, fit justice des perturbateurs. Le lendemain les mêmes scènes, s'étant renouvellées dans plusieurs endroits, déterminèrent les porteurs de collets noirs à s'armer de pistolets de poche pour se défendre de l'insulte. Les soldats ayant presque toujours eu le dessous dans ces attaques partielles, le gouvernement eut l'air de vouloir venir au secours des citoyens, & en conséquence, il y eut un ordre, donné par le général Angereau commandant la division de Paris, d'arrêter les soldats perturbateurs. Le Parisien naturellement confiant prit pour valeur comptant un pareil ordre. Mais, comme dit le proverbe, le vénin du serpent se cache sous l'herbe fleurie ; tel étoit aussi le projet du Directoire.

L'on marchoit donc à grands pas vers l'évènement, la confiance étoit égale de part & d'autre ; tout Paris étoit convaincu que l'opinion étant pour les Conseils, ils seroient vainqueurs, & chacun dormoit tranquille, ne pensant pas au lendemain. Cependant les avis répétés que l'on donnoit à certains membres, des projets du Directoire, en avoient déterminé un grand nombre à ne plus coucher la nuit chez eux, de peur d'une surprise, n'imaginant pas qu'on ôsât les arrêter dans le sein des Conseils, ou en plein jour, les deux commissions d'inspecteurs de la salle qui sont les membres qui ont la police de ce qui concerne le corps législatif, étoient continuellement en séance, pour prévenir leurs mouvemens......, enfin un conseil secret où assistoient les généraux Pichegru & Willot, résolut l'attaque des triumvirs ; on chargea en conséquence Pastoret de

rédiger

rédiger l'acte d'accusation contre eux ; la division qui existoit entre les membres du Directoire, dont deux étoient rangés du parti des Conseils, leur donnoit une confiance assurée dans l'effet de leur démarche. Le Jeudi, 31 Août, fut le jour désigné pour faire le rapport, mais tout l'édifice s'écroula, lorsqu'il fallut monter à la brèche. Tronçon du Coudray & Thibaudeau ayant fait observer que toute la base de l'accusation étant fondée sur l'arrivée des troupes, & les troupes n'étant point dans Paris, on ne pouvoit pas se servir de ce moyen pour attaquer le Directoire ; qu'il étoit nécessaire, avant de faire le rapport, d'envoyer un ou plusieurs membres sur les routes, pour examiner si véritablement les troupes avançoient, & que quand on auroit la certitude qu'elles avoient franchi le cercle constitutionnel, il seroit alors tems d'agir.——Cet avis pusillanime, donné par Thibaudeau républicain décidé, ayant prévalu, tout fut perdu. Le Directoire, à l'affût de tout ce qui se tramoit contre lui, ayant eu connoissance de ce conseil secret, dirigé spécialement par les généraux Pichegru & Willot, se détermina sans plus tarder à l'attaque, & pour lors aucun moyen ne pouvoit l'empécher de réussir. Il étoit maître des troupes, avoit la force en main pour faire contribuer les caisses publiques. Il étoit fortement gardé, avoit prévenu les Conseils en faisant corrompre leurs gardes. Ainsi, dès que le secret fut éventé, tout devint à son avantage. Les journalistes cependant n'en tonnoient pas moins & cherchoient à réveiller le Parisien endormi dans le sein des plaisirs & de son insouciance naturelle, lorsqu'il fut tiré de sa léthargie le dix-huit Fructidor,

4 Sep-

4 Septembre, à trois heures du matin, par le bruit de trois décharges de canons chargés jusqu'à la bouche, qui ébranlèrent toutes les maisons de la ville, & qui donnèrent le signal de la terreur. En effet, on ne peut se faire une idée de la stupeur dans laquelle se trouva plongé tout Paris, lorsqu'au point du jour ses habitans se virent enveloppés par deux cent pièces de canon braqués sur toutes les avenues, sur les ponts, les places publiques, les Champs-Eslisées, &c., lorsqu'ils virent le lieu des séances du corps législatif occupé par les soldats ; lorsqu'ils apprirent que les membres qui s'y rendoient, étoient chassés ignominieusement par le général Augereau, qui ordonnoit de sang-froid à ses soldats de dissiper *un pareil attroupement*, en un mot, lorsqu'ils virent de leurs propres yeux les inspecteurs de la salle traînés & conduits à la tour du temple comme de vils scélérats. L'image du général Pichegru, blessé au bras par les mêmes soldats qu'il avoit conduits au champ de la victoire, annonçoit quelle étoit la puissance du Directoire en le faisant arrêter, & tous trembloient sur l'usage qu'il en alloit faire.

De toutes les nombreuses Révolutions qui ont eu lieu depuis le 14 Juillet 1789 jusqu'à l'époque du 18 Fructidor, on avoit toujours vu un parti nombreux applaudir, partager l'enthousiasme qu'inspire un nouvel ordre de choses ; dans ce jour, le plus morne silence fut le témoignage non équivoque de l'opinion ; l'invasion des Conseils, l'arrestation de Barthelemy, la fuite du directeur Carnot, jusqu'à ce jour le coriphée de la Révolution, faisoient présager le renouvellement du

C

trium-

triumviral d'Octave, Antoine & Lepide ; l'image des proscriptions de Marius & de Sylla se présentoit aux esprits troublés, les moyens d'échapper aux premiers coups portés étoient interdits par la fermeture des barrières. On attendoit donc, dans la consternation le résultat d'un événement aussi funeste. Il ne se fit pas longtems attendre. Une proclamation, datée de deux heures du matin, signée par La Reveillière-Lepeaux, président, & Barras, faisant les fonctions de secrétaire, pour ôter la connoissance de cet acte au secrétaire-général Lagarde, parut à midi ; elle contenoit l'apologie du Directoire, qui déclaroit que ce n'étoit que pour faire observer la constitution qu'ils la violoient d'une manière si atroce, qu'une grande conspiration, dont les ramifications étoient très-étendues, puisqu'elle engloboit les Conseils, tendoit à rétablir la Monarchie ; & que pour s'y opposer, le triumvirat employoit les moyens les plus usités des despotes, & de la plus affreuse tyrannie. En effet, on ne peut pas analiser autrement cette proclamation ; car elle finissoit par déclarer peine de mort contre quiconque crieroit *Vive le Roi*, ou *le Duc d'Orléans*, ou *la Constitution de* 1793. Ce qui étoit dire en beaucoup de phrases, que qui n'approuveroit pas la Révolution qui se faisoit, seroit fusillé. Avec de pareils argumens on est sûr de se faire obéir ; aussi personne ne bougea, & en six heures de tems fut opéré un des plus grands événemens de la Révolution. Il est d'autant plus grand qu'il a démontré jusqu'à l'évidence que tous les moyens révolutionnaires sont usés pour émouvoir la nation, que l'énergie, qui a fait soulever cette même nation contre l'autorité légitime qui la gouvernoit autrefois, est

anéantie ;

anéantie; secondement, que le gouvernement militaire fera actuellement de ce peuple tout ce qu'on en voudra faire. Le seul caractère qui lui soit resté, c'est son incommutable légèreté ; car, au milieu des événemens les plus graves, il plaisante, & les tourne en ridicule ; l'insouciance s'y joint, & il les oublie. C'est ce qui vient d'arriver trente-six heures après la Révolution, chacun circuloit dans Paris pour ses affaires réelles ou de plaisir, comme à son ordinaire ; on étoit encore étonné, mais non réellement abattu. Les décrets rendus par les membres des Conseils réunis par la peur sous la verge des triumvirs, qui les avoit rassemblés sous sa main, comme un pédagogue réunit ses élèves sous sa férule, leur faisoit voir qu'il n'y auroit ni sang répandu, ni pillage, de sorte que la certitude physique de vivre ce jour-là, & d'avoir son lit, ou sa boutique sauve, les consoloient de l'événement.

Ce n'est pas que parmi les habitans de Paris il n'y ait encore des gens à grand caractère ; mais tout est aujourd'hui obscurci par la tyrannie qui les gouverne. Le poids des malheurs qu'a éprouvé cette ville infortunée, théâtre perpétuel de tous les assauts révolutionnaires, a, pour ainsi dire, énervé toutes les facultés. C'est le résultat ordinaire des grandes peines, on finit par plier sous le poids de ses chaînes. Les Conseils sont la preuve non équivoque de cette vérité ; quoique la majorité soit encore bonne, ils suivent l'impulsion de la peur, qui est le caractère distinctif de cette Révolution. Réunis, l'un à l'Odéon (l'ancien Théâtre de la Comédie Française), l'autre à l'Ecole de Chirurgie ; ils présentoient plutôt à

 l'ouverture

l'ouverture de leur séance, l'image d'un troupeau de nègres que l'on rassemble dans un attelier, que celle du premier corps de la nation délibérant sur de grands intéréts. Les différens décrets qu'ils rendirent le 19 Fructidor, actes émanés de l'ordre du directoire qui proscrivoit cinquante-six députés, qui annulloit l'élection de cinquante-un départemens, qui faisoit rapporter tous les décrets de la plus exacte justice, rendus en pleine liberté par les représentans du peuple, rappelloient le tems des Néron & des Caligula faisant rendre au Sénat de Rome les décrets qui nommoient, l'un son cheval consul, & qui proscrivoient de cette orgueilleuse maîtresse du monde tous les grands qui s'opposoient à la puissance de l'autre.

La marche des tyrans fut & sera toujours la même. Lorsque les peuples entrent en insurrection, ils suivent la route qui leur est indiquée par l'histoire. Il en est de même de ceux qui les subjuguent ; rien n'est nouveau aujourd'hui. Depuis le commencement de la Révolution, nous avons vu une faction dominer pendant six mois, & une autre lui succéder ; aujourd'hui la faction du Directoire subjugue, mais à son tour elle sera subjuguée ; ce qui fait sa puissance, les troupes, la détruira ; car, dans tous les siècles, le pouvoir militaire termina les grands crises des états. Le gouvernement actuel s'en sert comme agent principe, mais étant composé de cinq individus qui ne s'accorderont pas long-tems, nécessairement il s'opérera une crise dans laquelle le plus habile, ou le plus scélérat s'emparera du pouvoir unique ; alors les troupes qui auront fait sa puissance, la briseront avec la même facilité qu'il l'auront créée ; mais un point capital est d'amener ces

troupes

troupes à l'obéissance d'un seul ; parce qu'alors, il sera beaucoup plus facile de les conduire à proclamer le légitime Souverain. Nous y parviendrons, ce fait est hors de doute, mais quand ? voilà le difficile à prévoir. Néanmoins, je répondrois bien que si une puissance (& il n'y en a qu'une) vouloit de bonne foi rétablir la Monarchie Françoise, il est en son pouvoir de le faire : ce n'est pas en employant des moyens secondaires, ces moyens d'intrigues usés, pour ramener les esprits à la Monarchie, ces esprits sont suffisamment disposés ; la majorité pensante de la nation la veut, mais elle redoute pour y parvenir les chemins tortueux dont on s'est servi jusqu'ici. Ces chemins tortueux sont les intrigues secrètes & mal combinées qui tôt ou tard sont découvertes, & qui plongent alors quantité d'individus dans l'horreur des cachots. En effet, a toutes les prétendues conspirations Royalistes qui sont découvertes, la majorité de la nation se révolte contre d'aussi ridicules moyens employés pour les ramener à l'autorité Royale. Un plan démasqué dès le principe de la Révolution, a renversé la royauté ; de même il faut agir ouvertement pour anéantir la République. Le seul & unique moyen, comme je l'ai dit ci-dessus, est donc d'acheter la contre-Révolution : elle ne peut s'acheter, qu'en payant les troupes qui aujourd'hui seules font la puissance du Directoire ; tous les plans, toutes les idées doivent donc essentiellement se rapporter à ce point capital ; ainsi le jour où les puissances, & surtout la seule qui puisse payer, voudront faire une Révolution en France, elles la feront. Les conquêtes maritimes dont elle a enrichi son commerce, qui est sa puissance

réelle,

réelle, doivent lui donner le désir de les conserver ; elle ne le peut, qu'en terminant promptement la Révolution Françoise. Si elle laisse,
ainsi que les autres puissances, à tous les états
déjà révolutionnés, le tems de propager leurs
pernicieux principes, c'en est fait de l'Europe,
dans deux ans il n'existe pas une ancienne puissance ; je n'en excepte même pas l'Angleterre,
malgré ses moyens & son esprit public, car toutes
les recrues que le gouvernement François acquiert
chaque jour, formeront une masse de force à laquelle elle ne pourra résister. Déjà la marche
adroite que le Directoire a adoptée de rejetter sur
l'Angleterre tout l'odieux de la guerre, fait de ses
alliés autant d'énergumènes qui s'électrisent à l'envi
pour l'aider à la détruire. Cette assertion n'est pas
une supposition, mais bien une réalité ; &, en
avançant ce fait, je ne suis que l'écho de la voix
publique. Oui, il faut le dire hautement, car il
n'est plus tems de rien ménager ; l'opinion, la plus
fortement prononcée en France, est que cette
guerre est celle de Rome & de Carthage ; il faut
qu'une des deux puissances périsse ; c'est maintenant à l'Angleterre à voir si elle veut se sauver en
rétablissant la Monarchie Françoise, & en la ti-
rant de ce systême affreux de République, qui l'a
déshonorée aux yeux de l'Europe ; car je lui pré-
dis, que si elle n'adopte promptement ce parti,
c'en est fait d'elle, & de toutes les Puissances Con-
tinentales. La République, ou, pour mieux dire,
l'anarchie universelle, triomphera. Déjà toutes
les rives du Rhin ont levé l'étendard de la liberté ;
si les hostilités avec l'Empereur recommencent,
l'Italie perd tous ses Souverains ; & le Turc, qui
tremble déjà dans Constantinople, ira cacher sa
honte

honte sur les côtes de l'Asie. Quelle sera alors la Puissance Continentale ou Maritime qui pourra résister à l'influence de cette pestilentieuse démocratie ? je ne connois rien sous le globe qui puisse en arrêter les terribles effets. Le plan fut formé dès le principe de la Révolution, de républicaniser l'Europe. Le grand œuvre est bien avancé ; & toutes les Puissances, en ne voulant pas connoître quels étoient les principes atroces de cette Révolution, l'ont accrûe au lieu de l'anéantir. Le serment de haîne à la Royauté, décrété depuis cinq ans, auroit cependant dû ouvrir les yeux à toutes les Puissances. Ce serment se réalisera, qu'on n'en doute pas, pour peu qu'on tarde à extirper la cause qui le provoque ; il vient dans ce moment d'être renouvellé ; la lassitude, l'insousiance, d'autres sentimens que je ne puis définir, viennent de l'arracher même à des membres du Clergé autrefois resté fidèle. Que l'on juge dans quel état est tombée la France, puisque ces respectables athlètes, qui, depuis huit ans, combattent contre la tyrannie, viennent eux-mêmes de ployer humblement leur tête devant elle. J'ai été témoin de ce serment ; j'ai employé toutes mes facultés à m'y opposer ; je frémis encore en pensant aux résultats affreux qu'il va produire. Un motif, noble dans son principe, mais qui ne peut plus être aujourd'hui justifié, l'a fait prêter ; celui de sauver la religion ; mais, au lieu de la sauver, ces ministres aveugles l'avilissent aux yeux du peuple; & le Directoire, par les décrets, ayant la puissance de les déporter, s'en servira pour les punir de leur apostasie. A l'exemple du Clergé de Paris, celui des pays conquis & réunis prêtent ce serment. Que peut-on attendre des peuples, lorsque tout

concourt

concourt à les entraîner dans l'abîme ? il n'y a
donc pas de tems à perdre, je le répète, il faut
agir, & agir promptement & franchement ; on
ne peut faire la paix avec de pareils individus, ce
seroit avancer la chûte des Empires.

Sur quoi est, en effet, fondée l'existence des
empires ? Sur des constitutions stables, acceptées
& consenties par les nations, depuis une longue
série de siècles, ou par un accord général, qui en
a changé la forme, basée cependant sur l'ancienne, n'y ayant changé que ce que les circonstances exigeoient. L'Angleterre est de ce nombre ; ainsi que la Russie depuis l'avènement au
trône de l'immortel Pierre Ier ; mais en France,
que reste-t-il de l'ancien gouvernement de la
Monarchie ? Rien, non, rien qui puisse faire re-
connoître cette puissance, qui étonna l'Europe
sous le règne mémorable de Louis le Grand.
Plus de quinze mille loix mises au jour depuis huit
ans se contrariant, se détruisant, sont bien loin
de ces immortelles ordonnances de Blois, d'Orléans, de Moulins, qui porteront, à la postérité,
les noms de leurs auteurs, mais non ceux de nos
législateurs modernes, si ce n'est en caractères de
sang, qui feront frémir les peuples qui liront
l'histoire de la fin du dix-huitième siècle.

Quelle est, en effet, la forme du gouvernement
qui existe aujourd'hui en France ? C'est au bruit
du canon de Vendémiaire qu'elle a été décrétée,
c'est au sein de la terreur & au milieu des bayon-
nettes, qu'elle a été acceptée. Le sang qui
couloit dans Paris à cette époque, ainsi que dans
les provinces, l'a rendue odieuse à toute la France.
Or, est-il possible qu'un pareil gouvernement
existe ?

existe ? non sans doute. Car la Révolution arrivée le dix-huit Fructidor (4 Septembre), n'est
que le prélude de toutes les subversions, que doit
éprouver un semblable gouvernement. La prétendue constitution de l'an 3, cet enfant né de la
crainte & de la terreur, vient d'être violée par
une portion de la puissance, qui ayant un plus
grand poids dans la balance, s'en est servi pour
accabler l'autre. Or, comme il est de la tendance
des corps graves de se précipiter vers le centre,
de même le Directoire, réunissant plus de pouvoirs que les Conseils, a voulu tous les concentrer.
Mais comme ces pouvoirs, réunis aujourd'hui
dans ses mains, le sont contre le vœu général de
la nation, il est impossible qu'il le conserve
long-tems ; les factions qui ont jusqu'ici dé-
chiré la France, subsistent toutes, elles ont tour
à tour régné avec le même despotisme & la même
fureur ; mais par la nature de l'esprit national,
leur règne ne peut être de longue durée, il faut
donc que le systéme actuel du gouvernement
change, ou plutôt, ou plus tard. Ainsi quelle
est la puissance aujourd'hui en Europe, qui peut
raisonnablement penser à faire la paix, ou à s'al-
lier avec un pouvoir pareil à celui qui règne
présentement en France ; quelle garantie ce pouvoir lui donnera-t-il pour lui assurer la solidité
des traités, lorsque lui-même n'a aucune assu-
rance de son existence ? La division, la crainte,
la pusillanimité, font aujourd'hui sa force ; la
haîne & tous les autres élémens qui jusqu'à ce
jour ont fait les Révolutions, l'anéantiront.

Un moment l'Europe s'est coalisée pour détruire cette terrible Révolution, pour renverser ce
D

pouvoir

pouvoir sanguinaire, qui dévaste depuis près de huit années son propre sol, & menace par ses funestes principes le monde entier. Elle n'a donc plus qu'à choisir entre sa propre destruction ou celle de la France révolutionnaire : tous les écrits jusqu'à ce jour le lui ont prédit, son sommeil est celui de la mort. En vain les écrivains François le lui répètent, leur voix est étouffée par l'aveugle destinée des empires. Chacun d'eux sent intérieurement la vérité de la prédiction, mais par une suite malheureuse de cette destinée, ils voient l'abîme entr'ouvert sous leur pas sans ôser le combler.

Reveillez-vous donc de votre sommeil léthargique, Souverains de l'Europe ! Considérez la grandeur du danger, & la place éminente où Dieu vous a placés pour le bonheur des hommes confiés au soin de votre empire ; écrasez la tête de l'hydre, mais ne balancez pas, car elle est prête elle-même à vous frapper ; les atroces jacobins répandus sur la surface de vos états ont juré votre perte, ils n'attendent que le moment favorable pour vous plonger le poignard dans le sein, prévenez-les, le sort de l'humanité l'exige, votre sûreté le demande.

Il n'est plus qu'un seul moyen, la justice le réclame, les circonstances sont urgentes. Reconnoissez loyalement & franchement le descendant de tant de Rois, l'auguste petit-fils de St. Louis, le frère de l'infortuné Louis XVI. Ses malheurs lui ont appris à régner, à concilier les intérêts de ses rivaux de puissance ; il ne s'agit plus de conquérir aujourd'hui, il faut conserver

ce

ce que l'on a; je ne vous exhorte pas à faire marcher vos cohortes contre la France, l'armée, & la nation en masse s'opposeroient à l'entrée des troupes étrangères; quoiqu'abatardie sous le joug de ses despotes, cette nation retrouveroit toute son énergie pour défendre l'intégrité de son territoire; mais fournissez à Louis XVIII. l'argent nécessaire; mettez-le à la tête de cette brave armée, commandée par l'immortel Condé; la voix publique de la France l'appelle pour réplacer son Roi sur le trône de leurs ancêtres communs; que les inimitiés, que les haînes politiques disparoissent; qu'une noble franchise soit le lien qui vous unisse, vous verrez alors toute la France tomber en pleurs aux pieds de son Roi, l'aider à réparer & à cicatriser les plaies qui ont défiguré ce superbe empire, en un mot vous verrez l'enthousiasme succéder à tous ces funestes élémens de division, & la paix se rétablir en Europe.

Mais le tems presse pour exécuter ce grand dessein; un moment plus tard, il ne sera plus tems, c'est un ami de la paix, c'est un individu qui vient de parcourir la France, & qui n'a jamais varié dans ses apperçus sur les funestes résultats de la révolution, qui vous en presse. Entendez les derniers cris plaintifs du cygne mourant. Dixi.

F I N.